TROIS CENT SEIZE JOURS D'INFORTUNE

OU

LETTRES

QUE J'AI ÉCRITES A MA FAMILLE

ET A MES CONNAISSANCES,

Lors de mes trois séjours à l'Hospice du Château Royal de Bicêtre.

IMPRIMERIE DE J. MORONVAL.

A PARIS,

Chez J. MORONVAL, Imprimeur-Libraire, rue des Prêtres-Saint-Severin, n°. 4; et quai des Augustins.

1816.

N. B. Les lettres portant les dates des 9, 11, 24, 31 mars. — 7 avril. — 22 juillet. — 1, 6, 7, 8, 17, 20, 25, 31 août 1808. — portent le timbre de la poste.

AVIS AU LECTEUR.

Je préviens les âmes sensibles qui daigneront accorder quelqu'intérêt à la lecture de mes lettres, que je fus arrêté trois fois : la première sur la fausse dénonciation de désertion, le 1er. mars 1808. La deuxième, le 2 juin 1808, sur de faux rapports qui ont induit en erreur mon propriétaire relativement à des embellissemens que j'avais faits dans le petit local que j'occupais. La troisième, par défaut de papier, ayant été arrêté à Ecouen, département de Seine-et-Oise. J'ai classé par ordre de dates, les susdites lettres; la première série se compose des lettres que j'ai écrites depuis le 2 mars au 7 avril inclusivement. La deuxième contient celles que j'ai écrites à compter du 10 juin 1808 au mois de septembre. La troisième comprend celles que j'ai écrite du 23 janvier au 5 février 1809. On sera peut-être étonné du petit nombre que j'ai écrites lors de mon dernier séjour à l'hospice, comparativement avec celles antécédentes. Le fait est aisé à expliquer : plusieurs de ces lettres n'ont pu parvenir à leur adresse ; d'autres ont été supprimées, et pour raison déterminante. Les médecins m'ont assuré que je retarderais ma délivrance si je m'occupais d'écrire. On sera surpris sans doute de la transition de mes sentimens, à l'égard de ma femme; j'observe que mon épouse, qui fut la cause de mes malheurs, par ses inconséquences, étant stimulée par son père, qui faisait tous ses efforts pour que je ne pusse recouvrer la liberté, et se trouvant subjuguée par ses parens, l'amour filial l'ayant emporté sur l'amour conjugal. Elle me laissait dans un doute continuel sur ses sentimens. Plusieurs de mes lettres contiennent des faits de peu d'intérêt, mais ils devenaient très-essentiel dans ma position et prouvaient, jusqu'à l'évidence, que je jouissais de toute la plénitude de ma raison, que j'avais la mémoire la plus heureuse, que je n'étais occupé que de ma situation présente, donnant les instructions à suivre pour mes affaires. Mes citations sont de la plus exacte vérité. Outre ces lettres, j'ai fait deux mémoires; le dernier a été signé par les personnes les plus notables de mon quartier. J'ai copié quantité d'anecdotes intéressantes et plusieurs Vies des peintres hollandais, avec les frontispices, que j'ai dessinés à la plume, ainsi que cinq portraits que j'ai esquissés d'après nature, et plusieurs dessins d'objets intéressans, ce qui prouve mon discernement, ayant fait un choix de ce qu'il y avait de plus intéressant.

A Monsieur Geoffroy, graveur, rue de la Harpe, l'allée entre le boulanger et le cordonnier, en face le fayencier, à Paris.

2 mars 1808.

Mon cher beau-frère,

Dans l'ignorance où vous êtes de savoir les fâcheux événemens qui me sont arrivés hier, je n'entre pas en explication; il vous suffit de savoir que je suis à la Préfecture. Je vous prie de ne pas perdre un instant à venir avec ma femme et ma petite pour me reconnaître. Je suis dans un état affreux, il me manque un soulier, habit et cravate. Tout ce désastre est venu d'un combat avec le père de ma femme, qui m'a attaqué. Un seul instant de retard serait très-préjudiciable à ma liberté, je ne suis coupable de rien de répréhensible; on m'a lié les mains derrière le dos et accablé de coups de plats de sabre. Dus......, qui se pavonnait de son triomphe, a été humilié et connu pour un scélérat chez le commissaire de police de sa section. J'ai préféré être traîné lié et dans la boue, que de marcher lié comme un voleur.

Je vous attends avec la plus vive impatience; si Louis est présent, qn'il vienne avec vous.

BENOIST,

Votre très-malheureux beau-frère.

Il faut payer la commission au présent porteur, n'ayant pas un centime; du fil et une aiguille.

A madame, madame Benoist mère, rue et porte Saint-Jacques, n°. 161.

Bicêtre, ce 9 mars 1808.

MA MÈRE,

Je ne puis concevoir l'abandon où vous me laissez. Quoi! depuis neuf jours que vous ne m'avez vu, pouvez-vous être si tranquille; vous ne répondez guère aux sentimens de tendresse que je ressens pour vous.

Je vous déclare que j'ai failli mourir plusieurs fois d'inquiétude à votre sujet, les nuits, je ne puis fermer les yeux, les pleurs et sanglots me suffoquent. Vous connaissez la vivacité de mes passions; si vous vous étiez trouvée à ma place, je serais venu m'assurer par moi-même de la vérité. Ne m'avez-vous porté neuf mois dans vos flancs que pour être cause, par votre indifférence, de ma mort? ce que je vous assure n'est point une exagération. Depuis que je me suis trouvé à même de connaître la structure humaine par le cabinet de M. Bertrand, il est prouvé que le cœur éprouvant de trop violens mouvemens, se serre et se fend, ce qui produit la mort; mon père * et madame Pain en sont de tristes exemples, ainsi je crois que vous ne me mettrez pas à cette épreuve. Sitôt la présente reçue, que rien ne vous arrête : si vous ne pouvez marcher, prenez une voiture, engagez mes effets, faites en sorte, par quelque moyen que ce puisse être, de venir, car plus tard il ne serait plus temps. Je rends justice à vos intentions; vous avez cru que le repos et la tranquillité m'étaient nécessaires, je vous donnerai cette satisfaction chez moi, où vous pourrez me soigner à votre gré, ou à l'Hôtel-Dieu, si vous pouvez me recommander par ma tante. Je serais au centre de mes affaires, et mes pratiques ne s'apercevraient de rien. Je tremble de tous mes membres que l'on ne sache où je suis, ce qui ne peut s'éviter si je reste plus long-temps. Quant à celle qui fait tous mes tourmens, il faut avouer qu'elle est bien dénaturée de n'être pas venue une seule fois me voir: elle sait bien que les remords ont un très-grand mérite à mes yeux; vous ne savez qu'une partie des souffrances que j'ai éprouvées, le geolier de la préfecture a failli m'étrangler, fait prouvé, car l'aimable officier qui était présent quand on m'a placé dans la voiture des fous, a arrêté sa férocité et m'a dit de venir lui parler sitôt ma sortie. J'ai les choses les plus importantes à vous dire.

Je suis avec respect, votre fils, BENOIST.

* Mon père et madame Pain sont morts subitement.

A monsieur, monsieur Dusoreau, demeurant rue Saint-Denis, en face la rue Guérin-Boisseau, au fond de l'allée, au rez-de-chaussée.

(J'écrivais à ma belle-mère, sous le couvert de son mari.)

Bicêtre, ce 11 mars 1808.

Madame, qui jadis étiez pour moi une seconde mère, je me décide à vous faire part de mes sentimens, ne pouvant croire que vous ayez le cœur si corrompu ** que les apparences le présentent. Vous défendez l'honneur de votre mari, cela fait votre éloge. Je désirerais que votre fille m'aimât à un tel degré ; vous croyez que sitôt que je serai libre, que je me vengerai ; détrompez-vous, vous ne me connaissez pas, la haine ne peut germer dans mon cœur ; et lorsque je m'aperçois que celui qui m'a offensé s'en repent sincèrement, je pardonne avec plaisir ; je ne suis pas d'une religion qui ne prêche que le pardon des injures, telles graves qu'elles puissent être pour rien : pour vous en donner une preuve irrécusable, c'est que dans les premiers jours de ma détention, j'ai écrit à ma tante, je lui marque que je divorcerais ; mais Dimanche dernier,

** Pour comprendre le sens de cette phrase ; il faut se reporter au moment où, dans sa véhémente colère, elle me fit arrêter.

mon frère Louis et sa femme m'étant venus voir, ils m'ont dit que ma femme, votre fille, se repentait et fondait en larmes. Comme je lui connais des sentimens d'honneur, de la vertu et une conduite intacte et les qualités de bonne mère, beaucoup d'économie, de propreté, un organe agréable et de l'esprit, ce que j'ose affirmer à toutes les personnes qui me disent qu'elle n'en a point et que je prouve par ces lettres (d'ailleurs, je ferais tort à mon discernement, l'ayant fréquentée un an), vous serez peut-être surprise que je m'étende si fort sur ses vertus et que je veuille m'en séparer; je vous déclare, avec toute la véracité que vous me connaissez, et sans flatterie, que j'ai toujours rendu justice à ses bonnes qualités, que j'ai toujours résisté à sa demande en séparation, et conséquemment au divorce. Si je me suis plaint de son froid à mon égard, c'est que j'ai éprouvé avec elle, sinon les charmes de l'amour, au moins l'amitié, sentiment que je préfère comme étant plus durable. Que votre mari soit tranquille, je ne lui ferai aucune demande en rendition de comptes, je ne suis pas si intéressé, moi qui ai refusé des rentes sur Lafarge; vous pouvez vous assurer de ce fait : ma marraine voulait me passer sur ma tête une action de 90 livres, et madame Dulas, que ma femme connait, m'a offert de me passer sur ma tête toutes les actions qu'elle possède sur Lafarge, je l'ai refusé. Je vous salue.

BENOIST.

A madame, madame **Benoist** *l'aînée, rue et porte Saint-Jacques*, n°. 161.

Bicêtre, ce 15 mars 1808.

MA CHÈRE ÉPOUSE,

Je t'attendais Dimanche dernier avec la dernière impatience; tu devrais savoir la vivacité de mes passions, je ne puis concevoir, d'après les transports de joie que je t'ai manifestés, que tu sois aussi indifférente; cette conduite de ta part n'est pas la route qui conduit à mon cœur, aimant et sensible. Je viens de voir ta mère et madame Vallois, qui m'a fait beaucoup de joie et m'a donné de la satisfaction d'apprendre qu'elle ne demande pas ma détention. Je te conjure de retourner chez toi, et comme tu ne peux exister sans argent, tu engageras les deux Bouché et la bordure de la marquise: étant chez toi tu répondrais à tous ceux qui viendront pour de l'ouvrage. Surtout va chez M. Chevalier, ne t'en rapporte pas à Louis, tu sais qu'il n'a pas mon énergie, même pour ses propres affaires. Fais-toi rendre compte des douze francs *; je n'en ai reçu que douze sous en une fois et douze sous à la Préfecture, et toi sept livres dix sous. Tu diras à M. Chevalier que je suis à travailler dans un châ-

* Ces douze francs ont été donnés pour moi par ma tante Le Clerc, petite-fille de feu M. Francœur, surintendant de la musique du Roi, chevalier de l'Ordre de Saint-Michel.

teau, dans le cas où il ne saurait pas où je suis. S'il le savait et que cela influât contre moi, tu le désabuserais en ma faveur. Cet ouvrage nous rétablirait et remettrait l'ordre dans notre maison. Ne manque pas d'aller chez M. Mercier au théâtre de la Cité, pour l'engager à tenir sa parole de me faire souscrire un eugagement de deux francs par mois, à compter du 1er. novembre, tel qu'il me l'avait promis, et moi à mon tour, je lui payerai les mois arriérés d'un seul coup. Surtout amène moi les deux petites ou Annette seulement; si tu ne peux la porter, mets là dans une voiture de laitière; apporte-moi le numéro en glace, ces MM. l'attendent, et le casque avec l'or, un pinceau et un œuf pour faire un échantillon. Je t'embrasse bien tendrement; ton mari,

BENOIST.

A monsieur, monsieur Benoist jeune, graveur, rue de Vendôme, n°. 4.

Bicêtre, le 15 mars 1808.

MON CHER FRÈRE ET AMI,

Je te remercie de toutes les peines que tu te donnes pour me tirer de ma captivité, où je languis, non de maladie, mais d'ennui, n'étant pas occupé. Tu sais que l'oisiveté pour un homme courageux, est un supplice. Notre mère est venue Dimanche dernier me voir, ce qui m'a tiré de l'anxiété la plus cruelle sur son sort. Tu sais que sa tendresse pour moi est extrême: quoiqu'elle ne soit capable de faire les démarches nécessaires pour obtenir ma liberté, je ne lui en sais pas moins bon gré. Je viens d'écrire à M. le préfet de police à ce sujet. Je te remercie des avis que tu as donnés à ma femme, seulement je suis fâché que tu ne lui aies pas fait sentir que dans ce moment sa présence chez elle était des plus nécessaires pour répondre aux personnes qui viennent pour m'apporter de l'ouvrage que j'aurais pu faire où je suis, surtout les enseignes portatives. M. Audibran-Chambly, dentiste, m'avait écrit la veille de mon arrestation pour de l'ouvrage, et il ne sait ce que je suis devenu depuis ce temps. Je te conjure de vouloir bien l'aller voir et lui faire part de mon arrestation et l'engager à me venir voir, et si l'enseigne n'est pas faite, de me la faire parvenir, je la ferai. C'est une bonne connaissance pour toi, car il est très-répandu dans les meilleures sociétés et pourrait te faire faire de bonnes connaissances. J'ai un reproche très-grave à te faire, de n'avoir pas terminé le modèle que j'attendais avec impatience; tu sais le zèle que j'ai mis à te faire graver l'aigle sur une glace que je t'ai donnée à cet effet, sur laquelle je dois graver des lettres jetées que je veux faire voir à M. Chevalier, opticien, qui m'attendait au temps adouci. Nous y voilà, et il ne me voit pas; je te conjure au nom du sang qui coule dans nos veines, comme frères, d'y aller de ma part, et lui faire voir l'aigle.

Ton frère,

BENOIST.

Bicêtre, le 17 mars 1808.

MON CHER FRÈRE ET SENSIBLE AMI,

Ma femme, comme tu me l'avais annoncé, est venue me voir Samedi dernier; nous nous sommes rencontrés. J'ai éprouvé tant de joie de cette entrevue, que j'ai failli m'en trouver mal; j'avais tant de choses à lui dire, que je ne fus instruit par elle que superficiellement de mes affaires depuis ma détention. Je te remercie de tous les avis que tu lui as donnés, et surtout de l'avoir engagée à me venir voir, et j'ai appris avec plaisir qu'elle se conduit d'après tes conseils et ceux de ma famille. Cette déférence de sa part, lui rend toute mon estime et mon cœur : seulement je me plains amèrement de son insouciance à me voir; en vain dira-t-elle que son ouvrage l'occupe tout entière, comme elle est très-courageuse et qu'elle a fait jusqu'à huit lieues à pied dans le mauvais temps pour voir ses enfans, c'est ce qui m'a prouvé qu'elle ne ressent pas pour moi la même amitié, ce qui m'afflige. Je ne lui demande pas de venir tous les jours, mais au moins une fois par semaine, et une petite lettre de sa main ; elle écrit très-bien, c'est une consolation inexprimable de pouvoir s'entretenir par lettre avec la personne qui a su fixer notre cœur et avec laquelle je suis lié pour la vie. Je te conjure de lui faire apercevoir ce manque d'égard et d'obtenir d'elle qu'elle m'amène ma chère petite Annette, ta filleule ; je l'avais annoncée à ces messieurs qui m'ont témoigné de la sensibilité à mes malheurs. Ils m'ont fait écrire à M. le préfet de police ; ce que j'ai fait. Je te prie d'aller chez M. de Paroy ou Boullet, pour savoir la demeure de mademoiselle Dumesnil, qui est dépositaire de plus de cent épreuves de M. Petit *. J'en ai promis des épreuves à ces messieurs, ce qui ferait connaître ce bel ouvrage qui est enseveli depuis vingt-un ans. M. Jumelin m'avait proposé de m'en confier autant d'épreuves que je voudrais pour les mettre en vente : ainsi fais tout ton possible pour l'avoir ; le papier me manque. Je t'embrasse, ton frère, BENOIST.

* Antoine Petit, célèbre Médecin de la Faculté de Paris ; M. Jumelin, son disciple, chargea feu mon père d'en exécuter la gravure en grand format, dans le grand costume des Médecins. Mon père eut à vaincre les plus grandes difficultés, n'ayant pour tout modèle qu'un petit dessin de la tête ; la supériorité de son génie lui créa des ressources dans les plus beaux morceaux de Drevet, dont il fit un choix admirable pour la composition du susdit portrait.

Billet donné au médecin au moment de la visite.

Le 22 mars 1808.

MONSIEUR,

Comme je me suis fait une loi de suivre en tout point vos conseils, persuadé qu'ils ne tendent qu'à mon bien, vous croyez que de parler m'est nuisible; j'ose vous assurer du contraire, attendu que lorsque je suis privé de l'usage de ce sens, l'ennui me gagne, et la tristesse, que vous condamnez dans vos malades, me gagne autant. J'aime parler raisonnablement avec des personnes instruites et savantes, dont la conversation fait les délices de l'aimable société, autant, dis-je, je déteste les bavards: c'est pourquoi je suis privé du plus grand plaisir que j'aurais à votre entretien. J'espère que lorsque le soupçon de folie ne planera plus sur ma tête, vous m'écouterez sans prévention.

M. Levacher, médecin connu honorablement dans la médecine et dans la littérature, se faisait un plaisir de converser des heures entières avec moi et ne pas dédaigner prendre des notes sous ma dictée sur plusieurs projets de feu mon père, tendant au soulagement de l'humanité, dont plusieurs ont été exécutés par diverses personnes, telles que l'invention d'une nacelle pour les incendies, inventée par M. Tréchard, les capotes gommées, les cuirs imperméables à l'eau, les fontaines filtrantes, les pompes anti-méphitiques, les bottes sans couture, les draps imperméables à l'eau; celui des projets de mon père qui a le plus frappé M. Levacher, c'est son lit à l'usage des malades et des armées. Vous pouvez mander M. Levacher, qui vous assurera de la vérité de mon dire.

BENOIST.

A monsieur, monsieur Geoffroy, graveur, rue de la Harpe, entre le cordonnier et le boulanger, vis-à-vis le fayencier. Pour remettre à madame Benoist l'aînée, à Paris.

Bicêtre, ce 24 mars 1808.

MA CHÈRE ÉPOUSE,

Après avoir accédé à tous vos désirs en vous laissant travailler chez votre ancienne compagne, je me serais attendu à plus de gratitude de votre part; plusieurs personnes de ma salle sont visitées par leurs femmes, il n'y a que moi qui ai à me plaindre de vous. Je ne puis concilier cette prétendue sensibilité que vous avez pour moi; vous me laissez manquer de petits secours qui me sont très-utiles, tels, qu'un bonnet de coton, ma coiffe étant sale, un petit étui, une petite règle, un crayon, mon échantillon du numéro cinquante-quatre, et le mot souvenir. On me permet de m'occuper, c'est le seul moyen de parer à l'ennui qui me consume : vous avez laissé perdre toutes les occasions qui se sont présentées de m'occuper aux ouvrages portatifs qui m'auraient fait gagner de l'argent, attendu que je ne suis point malade, ni ne le serai si vous vous rangez à votre devoir. Par votre première, qui ne me quitte point, vous me promettez de m'amener Annette; je ne sais à quoi attribuer ce manque de parole, vous que j'ai toujours connue pour exacte : en vain alléguerez-vous que l'enfant est malade; depuis vingt-quatre jours que je suis détenu, il n'est pas croyable que vous n'ayez pas trouvé un moment. Je vous prie, toute affaire qui puisse vous occuper, de venir demain seule ou accompagnée, pour vous trouver à l'instant que l'on fait la visite; ces messieurs sont étonnés de ne vous avoir vue me venir voir; je vous en préviens, un plus long retard vous ferait tort. Je vous attends.

Votre mari,

BENOIST.

N. B. La visite se fait de neuf à dix heures du matin.

A monsieur, monsieur Geoffroy, graveur, rue de la Harpe, entre le boulanger et le cordonnier, vis-à-vis le fayencier. Pour remettre à madame Benoist l'aînée.

Bicêtre, ce 31 mars 1808.

MA TRÈS-CHÈRE ÉPOUSE,

Je vous conjure au nom de nos chers enfans, de céder au vœu le plus ardent de mon cœur, qui est de vivre au sein de ma famille pour vous donner l'exemple de la conduite la plus irréprochable. Je n'ai jamais passé pour méchant, tout le contraire, mes désirs ont été de faire le bien et de vivre en paix. Tous les malheurs qui nous accablent ne sont point capables de m'abattre, mon courage me donne l'assurance de réussir. Vous savez par expérience qu'il ne me faut qu'un mois bien employé pour me remettre. J'espère que vous n'attendrez pas, pour vous rendre aux vœux de toute ma famille, que votre mère, à l'exemple de Véturie, mère de Coriolan, tombe à vos pieds pour vous demander cette grâce. Non, je ne le crois pas, vos sentimens pour elle m'assurent du contraire; je l'ai vue, cette bonne mère, avant-hier, nous avons fait une paix éternelle scellée par des embrassemens de tendresse filiale. Elle ne désire que notre réunion; et moi, par reconnaissance, je vous proteste par l'honneur, que vous savez m'être plus cher que la vie, de me conduire à votre satisfaction. Je vous laisse libre de travailler pour toute personne de votre choix, connaissant votre moralité. Je languis d'ennui de ne pas vous voir, c'est mon plus grand tourment; si tu viens, sois seule, car un tiers m'est importun. Je baise de plaisir ces mots tracés par l'innocence. A présent, je sens le charme d'être père, la raison se développe d'une manière bien précoce dans nos enfans; embrasse-les mille fois pour moi. Adieu; ton désolé mari,

BENOIST.

Je te conjure de ne plus penser à te séparer, cela me mettrait au désespoir.

A monsieur Geoffroy, graveur, rue de la Harpe, entre le boulanger et le cordonnier. Pour remettre à madame Benoist l'aînée, à Paris.

Bicêtre ce 7 avril 1808.

Ma chère et tendre épouse, et meilleure amie, puisque tu me rends ton cœur, mon bien le plus précieux, achève ton ouvrage, presse ma sortie; tu connais l'impatience de revoler dans tes bras. Je croyais goûter aujourd'hui ce bonheur, mais je me flattais trop. Tu m'avais bien dit que ce ne serait que pour vendredi ou samedi ; deux personnes sortent aujourd'hui, et moi je reste. M. Hébreard m'a assuré que le certificat était à la Préfecture ; je te conjure d'y aller solliciter ma sortie, afin de pouvoir travailler. Porte la lettre de M. Lemire, curé de Dammartin, je suis sûr que c'est pour le dimanche de Quasimodo. Quand ce serait pour le Dimanche des Rameaux, je lui ferais entendre les obstacles qui m'ont retenu, et je suis sûr de lui faire consentir à un délai.

Si j'avais ce bonheur, je ne vendrais pas la glace ; tu sais qu'à ton exemple, je n'aime pas à me défaire des effets qui m'ont tant coûté à avoir. Va chez M. Mercier, préposé au bureau des nourrices, engage-le bien à aller à la Préfecture avec toi ; cela ferait un bon effet, vu que le Gouvernement aime à protéger les pères qui se sacrifient pour faire honneur à leurs engagemens, ce qui me fait le plus grand plaisir. Je m'offre à payer par tempérament, comme je l'avais promis. Je payerai les mois arriérés depuis le mois de novembre jusqu'à ce jour, à raison de deux francs par mois. Je suis dans la douleur de ne pas te voir ; tu sais que je ne pouvais passer un jour sans avoir ce bonheur, tu sais que je ne suis point flatteur et que la vérité est et sera toujours mon guide. Cette cruelle absence me fait sentir plus vivement mon malheur d'être privé de ta présence, surtout depuis que j'ai la preuve que tu ne m'as jamais haï; au contraire, tu t'affliges sur mon sort. Je t'attends pour ma sortie. Adieu, ton tendre et repentant mari,

BENOIST.

A monsieur, monsieur Sicard, instituteur des sourds-et-muets de naissance, à l'Institut, rue du Faubourg-Saint-Jacques, à Paris.

Hospice de Bicêtre, cinquième division, 10 juin 1808.

MONSIEUR,

Vous serez sans doute très-surpris de recevoir une missive d'une personne qu'à peine vous rappellerez-vous. Je vous portai une lettre, la première fois que j'ai eu l'honneur de vous voir, de la part de madame de Montreuil, ma marraine, qui a de vos vertus et de vos talens la plus haute idée. Cette dame depuis très-long-tems ne m'a vu, j'ignore même si elle existe, mais comme vous êtes à même de la voir souvent, je vous prie instamment de l'instruire de l'événement funeste qui me prive de la liberté et me fait passer pour fou. Comme je suis d'une famille d'artistes distingués, vous ne pouvez vous compromettre en m'obligeant. Mon oncle maternel,

M. Leclere, architecte renommé; mon cousin vient de remporter le second prix d'architecture; mon père, connu dans la gravure au burin, où il s'est surpassé; mon jeune frère, le seul qui me reste, excelle dans la gravure au pointillé et rivalise avec les Anglais, dans peu va mettre une grande estampe au jour représentant Jésus-Christ attaché à la colonne avant la flagellation, d'après le fameux Michel-Ange, de même grandeur du tableau. Cet ouvrage établira sa réputation. J'aspire au moment de son émission pour vous en présenter une belle épreuve*, vous connaissant ami des beaux-arts. Vous vous ferez un plaisir, j'ose l'assurer, d'en faire part dans les cercles brillans où votre mérite éminent vous place habituellement. Madame de Montreuil me témoignait beaucoup d'amitié et m'a offert de me faire maître de dessin d'une pension qu'elle devait élever hôtel ci-devant Corberon; mais mon

* Le désir que j'avais est satisfait; j'ai eu l'honneur d'en présenter une belle épreuve sans lettre, à M. l'abbé Sicard, le 9 septembre 1816, qui l'a acceptée avec plaisir, et m'en a témoigné sa satisfaction. Cette estampe a été exposée deux fois au salon, et est dédiée à Monseigneur Jean Chrysostôme de Villaret, évêque de Casal, membre de la légion d'honneur. Mon frère est en ce moment en recouvrement de 500 premières épreuves qui lui appartiennent par convention faite avec l'éditeur: il prévient les amateurs de belles épreuves, qu'ils peuvent s'adresser à lui avec confiance, pour s'en procurer, à son domicile, rue Amelot, n° 2.

mariage ayant dérangé ce projet, elle rompit tout commerce avec moi. Je fus très-affligé de ce changement à mon égard ; je lui ai écrit plusieurs lettres, même lui fis présenter une rose artificielle * imitée de la belle nature, mais elle n'a pas voulu la recevoir; cependant elle a protesté à la personne qui lui a porté mes lettres, qu'elle ne m'en voulait pas ; que dans toute occasion elle me rendrait service. Voici le fait qui a donné occasion à mon arrestation, je fus dénoncé comme déserteur, le 1er. mars dernier, je me défendis contre la garde, etc. **.

Je suis en attendant l'honneur de votre réponse, votre très-humble serviteur,

BENOIST l'aîné.

* Ma marraine étant passionnée pour les beaux-arts, je me faisais un plaisir de lui offrir cette rose imitée de la belle nature, et très-bien exécutée.

** Cette lacune n'existe pas dans l'original ; mais comme une partie est perdue, on ne peut donner le texte en entier.

A madame Benoist la mère, rue du Monceau-Saint-Gervais, n°. 13, *à Paris.*

Cour du Bois carré de Bicêtre, ce 28 juillet 1808, étant chez M. Gaspard le charron.

Très-chere et tendre mere,

Je ne saurais trop vous rassurer sur vos craintes pour ma conduite future, les preuves de sagesse et de tranquillité que vous attendez de moi ne sont point vaines, et je ne fais aucun effort pour les remplir. La douceur fut toujours dans mon caractère, j'ai toujours fui les occasions de bruit, je n'ai fréquenté que d'honnêtes gens. Secondé par les exemples de mon très-vertueux père, ne vous ayant jamais quittée, couchant dans votre alcôve jusqu'au moment de mon mariage, comment se ferait-il que vous, qui êtes si douce et si tranquille, ayez resté volontairement avec moi, si j'étais turbulent? je n'ai aucune occasion qui puisse m'exciter au trouble, je déteste les ivrognes, les joueurs, enfin toute personne sujette aux vices, voilà de quoi vous rassurer. Vous me direz que vous convenez de la vérité de tout ce que j'avance; et me dire que je n'en ai pas moins fait des scènes scandaleuses *; j'en conviens de bonne foi; mais les circonstances ne sont pas les mêmes; j'étais désespéré de la perte de mon logement, je vous accusais de mollesse de ne vous être pas opposée de toutes vos forces à ce déménagement, vous qui deviez me représenter. Je croyais que Mme Leclere se serait prêtée de bonne grâce aux propositions de Louis, qui faisait sacrifice de sa pendule; mais toutes mes espérances sont déçues. Vous aviez peur que je ne fisse des imprudences chez ma tante; mais ma conduite vous a prouvé tout le contraire, je me suis comporté chez elle avec toute la prudence possible, et j'ai reçu des marques d'estime et d'amitié de mon oncle, qui m'ont sensiblement satisfait. Avant cette malheureuse scène, je ne voyais point mon oncle, il n'y avait que Louis qui était fêté et désiré, une simple politesse d'usage m'était accordée. Quelle différence! c'est moi qui ai pris la place de Louis, j'ai eu la satisfaction que ma fille a été admirée et caressée de son grand-oncle: mes vœux ne tendent qu'à votre bonheur; ainsi soyez tranquille, j'ai pris mon parti sur toutes les pertes que mon séjour à l'hospice me causent; je

* Par les scènes scandaleuses, il faut entendre les reproches véhémens que j'adressais à ma mère et à mes parens sur la mollesse qu'ils mettaient à satisfaire à mes justes demandes, et j'affirme n'avoir jamais fait de scandale.

ne suis pas avare et n'y pense plus. Je vous conjure de redoubler d'efforts pour ma délivrance ; il me sera bien doux de ne la devoir qu'à vous. Je vous embrasse bien tendrement, et en attendant de le faire de vive voix. Votre respectueux fils,

BENOIST.

Il m'est promis un ouvrage joli et bien doux, ce sont toutes les étiquettes d'un apothicaire, en lettres d'or sur des bandes de glace. C'est ma femme qui m'a trouvé cet ouvrage à Saint-Denis ; l'apothicaire emménage à Paris au mois de septembre prochain.

A madame, madame Benoist, rue Saint-Denis, en face la rue Guérin-Boisseau, chez M. Riquer, à Paris.

Hospice du Château de Bicêtre, le 1er. août 1808, première salle du traitement.

MON AIMABLE ET CHÈRE ÉPOUSE,

Ta visite d'hier a rendu le calme dans mon âme et porté la joie dans mon cœur. Oui, je suis sûr que nos peines sont finies du moment où tu me rends ton amitié, secondé des efforts que je me propose pour me procurer de l'ouvrage assuré. Il m'est venu une charmante visite, celle des honnêtes personnes qui ont répondu de moi pour le logement que j'avais loué le jour fatal de mon arrestation; elles m'ont appris que, n'ayant point eu de mes nouvelles, l'on avait reloué le logement, ce qui m'a fait grand plaisir, attendu qu'il était d'un trop haut prix pour nous, et que je ne l'avais loué que dans l'intention de le recéder à Louis sitôt ma réintégration dans mon ancien logement. Tu sais que je n'ai jamais voulu m'écraser par les gros loyers; ainsi sois tranquille. Cette personne est un entrepreneur de peinture qui m'aime beaucoup et qui te rend la justice qui t'est due pour tes bonnes qualités. Je lui ai proposé de me placer chez lui les hivers, ce qu'il n'a pas refusé; quel plaisir d'être réunis après tant de malheurs, de voir croître sous nos yeux nos aimables enfans! tu vois que je ne suis pas abandonné des honnêtes gens. Il est venu avec son épouse et une de ses filles, et m'a forcé d'accepter, d'une manière délicate, une pièce de trente sous avec huit sous qui me restent de toi, que je garde précieusement. N'oublie pas de m'apporter les douze feuilles d'or et le portrait de M. Petit, mon tableau et le superbe ridicule de mademoiselle Annette, notre fille aînée, que t'a remis madame Geoffroy, et les papiers qu'il renferme. Lève-toi à quatre heures du matin, je ne te retiendrai pas plus d'un quart d'heure, ne voulant pas te faire perdre de temps; tu vois que je suis raisonnable, ainsi n'attends pas à Dimanche. N'oublie pas le dessin du portrait du jeune homme; fais part de ma lettre à tes bourgeois, et fais-leur bien mes complimens, ainsi qu'à M. et Madame Fenié, Falampin et Rivard. Parle souvent de moi à ta mère et embrasse-la pour moi. Adieu, chère épouse, je suis pour la vie ton constant et très-attaché mari,

BENOIST l'aîné.

A Madame Benoist mère, rue du Monceau-St.-Gervais, n° 13, *à Paris.*

Hospice de Bicêtre, ce 6 août 1808.

MA TRÈS-CHÈRE ET HONORÉE MÈRE,

Pour vous prouver la foi que l'on doit avoir à mes paroles, j'ai obtenu aujourd'hui la permission d'aller à Paris, sous la conduite d'un infirmier. Mon plus grand plaisir aurait été de voler dans vos bras, vous remercier des efforts que vous avez faits pour ma liberté; mais on m'a défendu d'aller dans ma famille, crainte que je ne me porte à vous faire des reproches que je suis loin de vous faire : mon malheur ne vient pas de ma famille, mais de mon imprudence. Comment ferais-je des reproches à une mère qui s'emploie pour me rendre la liberté! Il est vrai que je vous ai écrit des lettres dures, vous accusant d'insensibilité ; je ne savais pas toutes les peines que vous vous étiez données pour moi. Je serais le plus ingrat des hommes et le plus indigne des fils, si j'affligeais une bonne mère. Cessez d'avoir aucune crainte, ma modération vous en est un sûr garant. J'ai passé à mon ancien logement, la portière m'a fait bonne mine et m'a remis trois lettres, dont deux d'ouvrages ; la troisième est du commissionnaire Delizy, pour un objet qui va être vendu, s'il ne l'est ; c'est peut-être la couverture. Je vous prie en grâce d'aller chez ma femme ou d'envoyer ma belle-sœur pour lui dire qu'elle ne manque pas de venir me voir avec les petits livrets où j'écrivais toute notre dépense ; là je trouverai la date de l'engagement de ladite couverture, je la lui donnerai, et on lui donnera un duplicata de la petite reconnaissance perdue : vous sentez l'importance de cette démarche. On m'a très-bien reçu partout et promis de l'ouvrage, j'ai même proposé à l'entrepreneur qui m'est venu voir de me placer chez lui. Il n'en est pas éloigné. L'on a conservé très-soigneusement le tiroir de la commode où j'avais loué. Vous savez que je n'ai jamais eu l'intention de la vendre, que j'ai résisté à tous les tapissiers à qui j'ai acheté des meubles, qui voulaient la troquer. Elle nous est très-utile pour serrer les hardes et linges. Je vous prie, au nom de l'amitié que vous me portez, d'aller chez M. Lanefranque, de le désabuser sur la créance que je sois un homme turbulent, je n'ai aucune occasion de l'être, je déteste les perturbateurs partout où il y a du trouble. Ma conduite chez mon oncle en est la plus belle preuve, il ne m'a jamais fait tant d'amitié et offres de service, m'offrant le crédit de son épouse dans le cas où j'aurais besoin de fonds pour une bonne besogne. Je vous prie de m'écrire une lettre qui me prouve que vous avez foi en mes promesses, je ne suis point flatteur, je vous ai très-aimée, même à l'idolâtrie; j'ai failli perdre la vie, étant privé de vous voir, je vous embrasse. Votre respectueu. fils,

BENOIST.

N. B. La portière a envoyé une quatrième lettre à M. Géoffroy.

Excusez-moi, le papier me manque; j'aspire au plaisir de vous voir.

Ma femme a écrit une lettre très-aimable et paraît me rendre la justice qui m'est due. Mes complimens à Louis et à son épouse; qu'ils vous aident dans vos démarches, et je ne saurais trop les estimer. J'ai de l'ouvrage assuré très-agréable; toutes les étiquettes d'un apothicaire sur glace dorée.

A monsieur, monsieur Macquet, instituteur, rue des Fossés-Saint-Bernard, maison ci-devant Pallois, à Paris.

Hospice de Bicêtre, ce 7 août 1808, première salle, cinquième division.

MONSIEUR ET MADAME,

D'après les marques d'intérêt que vous m'avez données, j'ose vous entretenir des malheurs qui ont fondu sur moi depuis le 1er mars dernier, et qui m'ont fait passer pour fou. Voici les faits : ledit jour je fus dénoncé comme déserteur et arrêté comme tel. Les soldats chargés de mon arrestation, oubliant le devoir de braves militaires, m'ont maltraité et accablé de coups de plat de sabre. Je me défendis de toutes mes forces, me jetant à terre, ne voulant pas marcher comme un voleur, les mains liées derrière le dos; ils ont été obligés de me porter chez le commissaire de police de la rue Neuve-Égalité, ci-devant Bourbon-Villeneuve, où je me suis fait reconnaître. Le commissaire de police m'envoya à la Préfecture, qui le lendemain m'envoya à Bicêtre comme fou. Toute ma famille m'ayant réclamé, je sortis le 8 avril dernier. Pendant mon séjour à Bicêtre, mon propriétaire profitant de l'occasion, évinça ma femme de mon charmant petit logement, qui faisait tous mes délices et où j'avais fait tant de dépenses. Il s'est approprié pour 352 fr. d'objets d'embellissement, pour 84 fr. que je lui devais. Je lui ai offert des nantissemens pour sa somme, mais il fut sourd à toutes mes propositions; mon frère a voulu répondre pour moi, mais tout fut inutile. Mon obstination à rentrer chez moi avait plusieurs motifs; le premier, parce que je suis très-constant; le second, par toutes les dépenses que j'avais faites; le troisième, parce que toutes les pratiques que j'ai eu tant de peine à me faire, étaient accoutumées à m'écrire à cette adresse; il y avait des jours où je recevais jusqu'à quatre lettres d'invitation d'ouvrage. Ce sont tous ces motifs réunis qui m'ont engagé à poursuivre avec chaleur ma réintégration. Ne pouvant y parvenir par la douceur, je citai mon propriétaire chez le juge de paix : ne nous étant pas conciliés, le juge de paix s'étant déclaré incompétent, il me conseilla de lui faire des offres réelles, ce que je ne pus faire, faute d'argent. Je pris donc le parti de louer provisoirement une petite chambre au café Cuisinier, où, ayant fait des embellissemens sans dépense, les ayant faits par moi-même, je fus dénoncé par une voisine, disant que j'avais abattu la cheminée. Le propriétaire étant monté fort irrité de ce que je ne lui avais pas demandé permission, je l'ai appaisé, lui observant qu'ayant rétréci sa cheminée, je l'ai placée dans le milieu, et procuré la place d'une bibliothèque de chaque côté; que d'ailleurs les locataires qui viendront après moi, seront charmés d'avoir une chambre régulière; que je ne lui demandais rien pour ces travaux. Enfin, il s'est rendu à la justesse de mes raisons, et me permit de finir la susdite cheminée, pourvu que je laissasse tous les embellissemens que je ferais en sortant, ce que je lui ai promis. Je jouissais de la paix, lorsque je fus dénoncé de nouveau pour avoir soi-disant abattu la couverture, ce qui se réduisait à avoir uni, avec un petit rabot, une pièce de charpente* qui soutient les chevrons; cette fois le sieur Cuisinier ne monta pas, il envoya son frère avec des porteurs pour enlever mes meubles. Le frère s'opposa à cette violence. Le lendemain, je reçus congé que j'ai refusé, n'étant pas donné à temps

* Cette pièce, en terme de charpente, se nomme panne.

utile ; l'huissier qui demeure dans la même maison, ayant su que je sortais de Bicêtre d'avec les fous, crut qu'il n'y avait aucune forme à remplir ; ils firent enregistrer le congé, ce qui ne lui donnait aucune valeur. Las de toutes ces tracasseries, je payai le demi-terme d'avance et demandai une quittance honorable ; en conséquence, je louai un charmant petit logement, carrefour Bussy, dans la superbe maison qui fait le coin des rues de Thionville et Mazarine. Je fus accepté sur-le-champ ; la personne qui avait rendu de moi le meilleur témoignage, étant voisine du propriétaire, les clefs m'allaient être données, j'avais déjà porté un tiroir de commode et me disposais à en porter un second, lorsque ma femme, àqui j'avais caché cette location, voulant lui faire une surprise agréable en la conduisant chez elle le lendemain, y mit obstacle, m'obsédant de sa présence. Pour m'en débarrasser, je lui dis d'aller coucher chez ses père et mère ; elle ne comprit point mon intention et ne voulut point me quitter. Un point de jalousie la saisit ; sachant que je ne l'avais jamais envoyée chez son père depuis notre mariage, elle s'est imaginée que j'avais une intrigue amoureuse. Voyant qu'elle s'obstinait à rester, pour lui faire peur je lui dis que j'avais des pistolets chargés sur moi pour ma défense, en cas que je fusse attaqué ; alors elle me quitta et fut se réfugier dans les escaliers. Les voisins assiégèrent ma porte, m'engageant de recevoir ma femme. Je soufflai la lumière; mais m'étant aperçu qu'ils allaient monter sur les toits, je parus sur la porte du corridor, citant les lois sur l'inviolabilité du domicile; à ces mots, ils fondirent sur moi avec furie, m'ont entraîné au troisième, m'ont lié les pieds au haut de la rampe, mon corps barrait la porte d'un voisin, ont été chercher la garde, m'ont entraîné de vive force dans la rue où était un fiacre qui me conduisit chez le commissaire de police et de là à la Préfecture, et le lendemain à Bicêtre, où je languis d'ennui. N'étant pas malade, les médecins m'ont accordé, pour me dissiper, d'aller chez un charron m'occuper; cet état étant trop rude pour moi, je me suis occupé à coudre avec son épouse, très-habile couturière en robes. L'occasion s'étant présentée de faire une enseigne dudit charron, je l'ai saisie avec avidité; ses enfans ayant trouvé un cahier d'or faux, j'en ai tiré si bon parti que j'ai fait son enseigne, ce qui a prouvé que je puis travailler de mon état. Je vous prie en grâce de me venir voir ou de m'écrire; je finis en attendant l'honneur de votre réponse, votre très-humble serviteur,

BENOIST l'aîné.

Je prie en grâce madame Hugard, votre mère, d'aller parler en ma faveur à M. Lanefranque, médecin en chef de l'Hospice de Bicêtre, qui demeure rue Christine, n°. 3; on le trouve sur les deux heures après-midi, près la rue Dauphine ou de Thionville; l'assurer que je n'ai jamais été turbulent, et très-doux de caractère, enfin je m'en rapporte à son zèle pour participer à rendre un père à ses enfans. Je l'embrasse de tout mon cœur. Salut,

BENOIST.

A monsieur Riquer, rue Saint-Denis, en face celle Guérin-Boisseau. Pour remettre à madame Benoist.

Hospice de Bicêtre, première salle, cinquième division, ce 8 août 1808.

MA TRÈS-CHÈRE ÉPOUSE,

J'ai été très-affligé de ne t'avoir pas vue, comme je m'y attendais. Je t'avais fait réponse à l'instant même de la réception de ta lettre, qui m'a fait grand plaisir, malgré la froideur qui s'aperçoit. Ce n'est pas ta faute si la nature ne t'a pas douée de toute la sensibilité qu'un aimable mari doit attendre de l'amour conjugal; tu m'aimes comme l'on aime un fils, j'en ai la preuve; mais tu me prives de l'essentiel, qui est le contentement de l'esprit. Tout mon désir est de te voir comme ce jour où tu apportas tes meubles, ce jour ne s'effacera jamais de ma mémoire; avec quel transport tu exprimais la joie de voir notre union s'accomplir. Je ne me serais jamais attendu à ta froideur. Quoi! un mal de tête a pu t'empêcher de voler dans mes bras, tu es donc incrédule. Jamais je ne parviendrai à te convaincre de la vérité de mes sentimens; tu sais combien je prise la liberté, eh bien! j'en fais le sacrifice en ta faveur. Ayant demandé à être placé chez M. Massy, peintre-vitrier, rue Mazarine, c'est lui qui a répondu pour mon logement, je te conjure d'y aller. Fais tout ton possible pour que je sois accepté, dis-lui que je peux vitrer comme un compagnon, même que je suis si patient que j'ai démastiqué des carreaux que des vitriers n'ont pas voulu déposer, que je dépolis le verre. Lorsque je lui ai fait cette proposition, il hésitait par délicatesse, ne croyant pas que gagnant six, neuf, dix, douze, quinze, même vingt francs dans l'occasion, par jour, je me donnerais pour le prix d'un ouvrier. Je suis si las de l'incertitude et des malheurs qui me sont arrivés, que je prends ce parti avec le plus grand plaisir, attendu que je serais traité avec tous les égards dus à mes talens; ces personnes ont l'usage du grand monde et m'accablent d'amitié : son épouse a de charmans enfans qui joueraient avec les nôtres. Si tu avais des plaintes à faire de moi, tu n'aurais pas loin à aller, M. Lanefranque étant à deux pas; je le crains plus qu'une armée, cela a de quoi te satisfaire. Ta mère m'a fait le plaisir de me venir voir je lui ai témoigné la plus parfaite amitié; mais ce qui m'afflige, c'est qu'elle doute toujours de ce que je lui dis. Elle dit qu'il n'y a que la consolle chez M. Geoffroy, que je lui dois un an pour Antoinette, ce qui est de la plus grande fausseté; je devais à M. Geoffroy quatre mois à douze francs, font quarante-huit, sur lesquels il a reçu cinq francs de la bordure, qu'il a mise en gage, cinq pour l'habit que je lui ai recédé, vingt sous pour un chapeau, une livre six sous d'arrhes sur la commode de bois, une livre dix sous que tu lui as donnés, quinze francs pour un tableau peint sur verre, représentant des fleurs, pour remplacer celui qu'il s'est permis de vendre cinq sous au vieux verre: eh bien! le bouquet susdit ne vaut pas, pour le mérite, la vingtième partie de celui qu'il a vendu; ainsi voilà vingt-huit livres seize sous sur quarante-huit livres, reste à dix-neuf livres quatre sous que je lui dois. Je préfère, étant sorti, vendre ma glace et le solder, que de lui abandonner la commode, qui nous devient très-utile. Un jeune homme m'a apporté le portrait de M. Petit, il m'a dit que mon frère n'était pas venu me voir, étant blessé au pied, ce qui est en contradiction avec ce que m'a dit ta mère, attendu qu'il doit aller avec toi à Saint-Denis, chez l'apothicaire. Je suis charmé d'apprendre que tu prennes intérêt à mon ouvrage : pour t'en récompenser, si j'ai le bonheur que cela réussisse, je te laisserai l'usage de l'argent : n'attends pas Louis ; tu connais la personne, puisque c'est toi qui lui a parlé. Remercie bien le chapelier pour moi. Ta mère m'a dit que si je venais à Paris, je me donne bien de garde d'aller dans sa maison. Cela jette mon esprit dans le trouble : que veut dire cette défense ? Tu sais la modération avec laquelle je me suis comporté lors de ma première sortie. Je désire faire mes remerciemens à tous les voisins qui m'ont fait amitié. Je crois que ta conduite ne doit point craindre mes regards. J'ai fait amitié à ton pere ; éclaire-moi à ce sujet,

BENOIST.

Je ne conçois pas que tu n'aies pas donné mes petites boucles à ta mère, voudrais-tu me faire une surprise ? Je te prie de me faire réponse sur-le-champ. Embrasse bien ta mère pour moi et nos petites, parle-leur de moi. Ta mère se plaint que tu ne dis mot ; tâche d'obtenir que je vienne à Paris comme Samedi dernier. Adieu, ton tendre mari,

BENOIST.

A madame Benoist mère, rue du Monceau-Saint-Gervais, n°. 13, à Paris.

Hospice de Bicêtre, ce 17 août 1808, première salle.

MON CHER FRÈRE ET VOUS SA CHÈRE ÉPOUSE,

Je suis transporté de joie d'apprendre l'heureux succès de vos démarches pour ma liberté; si tu as tardé à me voir, tu m'en récompenses avec usure. Je te proteste que tu n'auras qu'à te louer de ma conduite; M. Lanefranque m'a fait promettre de travailler chez madame Duchêne, ce qui m'a fait le plus grand plaisir, et de laisser travailler ma femme, ce que je lui ai promis et ce que je tiendrai. Redoublez d'efforts pour hâter ma sortie; j'ai passé hier la journée chez M. Hebreard, à sa maison de campagne, dont le jardin est charmant. J'ai fait le terrassier, il a été étonné de ma force et de ma légèreté. Ils m'ont fait chanter la romance de Lindor et déclamer, je les ai fait rire aux éclats par mes originalités; cette journée a été pour moi une partie de plaisir. Je te prie, sitôt que tu auras le billet de la Préfecture, de ne consulter ni le temps, ni les convenances. Si tu étais très-pressé, que ta femme vienne, cela fera la même chose; sur-tout point de retard. Je suis en attendant ce bonheur, ton très-reconnaissant frère aîné,

BENOIST.

Et vous, ma tendre mère, je brûle de voler dans vos bras vous remercier de toutes les démarches que vous avez faites pour ma liberté et vous rendre un fils tel qu'il n'aurait jamais cessé d'être, doux, bon fils, bon frère, bon père et bon époux, si sa femme avait reçu une bonne éducation et l'eût aimé comme une bonne épouse. C'est dans ce doux espoir que je vous embrasse et suis pour la vie, votre très-respectueux fils aîné,

BENOIST.

A madame Benoist la mère, rue du Monceau-Saint-Gervais, n°. 13, à Paris.

Hospice de Bicêtre, ce 20 août 1808.

MON CHER FRÈRE ET BELLE-SOEUR,

L'on m'avait flatté de l'heureux espoir de sortir vendredi. C'est de M. et Madame Gaspard qui ont été voir ma mère, que je le tiens. Ils m'ont dit que tu avais été chez M. Lanefranque, avec madame Du chêne, vitrier, pour me réclamer. Sur cette heu reuse nouvelle, je lui ai écrit en remerciement de l'inappréçiable service qu'elle me rend. Je t'ai écrit le même jour. M. Lanefranque m'a parlé à la visite, m'a fait promettre de laisser la liberté de travailler à ma femme, ce que je lui ai promis et ce que je tiendrai, je te le proteste, mon honneur y est des plus intéressés. L'on verra que je ne suis pas dépendant d'une femme et quelle différence il existera dans l'arrangement de ma petite Annette. Mon intention est de l'emmener tous les jours chez madame Duchêne, où je travaillerai. Je louerai à proximité une petite chambre où mes meubles paraîtront avec avantage. Je suis on ne peut pas plus inquiet sur ce que dit ma mère à ce sujet; elle dit que je n'ai presque rien. Je te prie en grâce de me tirer de doute à ce sujet. J'affirme avoir pour 1027 livres dix sous d'effets en ce moment, tant chez M. Aubert que chez un menuisier et au Mont-de-Piété. Pour remettre le lit tel que je l'annonce et retirer les effets du Mont-de-Piété, il faut 150 livres; qui de 1027 livres 10 sous paie 150 livres, reste à 877 livres 10 sous, ce qui donne un démenti formel à la famille de ma femme, qui a répandu que je n'avais plus rien; je ne renfle aucun article, je les compte strictement ce qu'ils m'ont coûté. Il est vrai que l'article de menuiserie se montant à 201 livres, ne se vendra pas cela, mais je l'ai payé ce prix et ne pourrais le faire faire encore à ce prix dans ce moment. Je ne compte pas mes effets d'Ecouen. Tu connais le peu de délicatesse de M. G........ qui s'est permis de vendre un bouquet de fleurs cinq sous au vieux verre pour avoir des cerises pour ses enfans, alléguant qu'il était cassé. Eh bien ! ce bouquet me revient à plus de 24 livres, et je ne m'engagerais pas à en trouver un pour ce prix. J'ai passé plusieurs jours chez M. et Madame Hébreard, je me suis comporté à leur satisfaction sans me contraindre. Tu peux répondre de ma personne, corps pour corps; je ne te ferai jamais repentir du service que tu me rends. Va, je te prie, chez cette dame Duchêne, lui dire que M. Lanefranque l'attend pour ma sortie. Je te conjure de venir Dimanche, j'ai des choses qui intéressent ma mère à te communiquer, toi ou ta femme. Je suis, en attendant le plaisir de te voir, ton frère,

BENOIST.

A madame Benoist la mère, rue du Monceau-Saint-Gervais, n°. 13, à Paris.

Hospice de Bicêtre, ce 25 aout 1808, étant chez M. Tailhand.

MA TRÈS-CHÈRE MÈRE,

M'AVEZ-VOUS oublié? * mon repentir pour les cha-

* Cette lettre paraît être en contradiction avec celle du 17

grins que je vous ai causés bien involontairement n'a donc pu désarmer votre ressentiment; vous me prêchez la douceur, le retour sur moi-même, et vous ne me dites pas un mot de consolation; j'aurais commis des crimes énormes, vous ne me traiteriez pas avec plus de rigueur : voilà près de trois mois que je languis dans ma captivité, et vous n'avez pas daigné venir une seule fois me voir. Si mon père vivait, je vous le répète, je ne languirais pas dans la douleur. Imitez l'exemple de madame Le R..., qui a sacrifié corps et bien pour un très-mauvais sujet, fils ingrat pour sa mère qui l'a tiré des fers *. Revenez sur mon compte, rendez-moi votre amitié, moi qui ne pensais qu'à vous, qui ne désirais que vous voir heureuse; vous avez cru faire des merveilles de jeter du ridicule sur votre naissance qui est distinguée. L'on fait à présent le plus grand cas des personnes de qualité. On a décrété que les membres de la légion d'honneur auraient des armes. Mr Vanderwal doit en avoir l'entreprise. Vous savez que ma

août, où j'adresse des félicitations à ma mère pour les peines qu'elle s'est données; je prie le lecteur de se mettre à ma place, étant doué d'une âme ardente, je comptais les momens pour ma sortie. Huit jours s'étaient écoulés sans que je reçusse de réponse, huit jours pour moi étaient huit années.

* Cette expression est au sens figuré.

tante Coisseau * et mon père m'ont bercé de cette généalogie**, que je ne me suis jamais dit noble, puisqu'en France les femmes n'ennoblissent point les hommes ; que je ne me suis jamais mis de chimères en tête, et que je n'ai manqué aucune occasion de gagner ma vie, ce qui n'est pas l'ordinaire des gens entichés de leur noblesse. Je vous prie de cacher à ces messieurs les torts que j'ai eus à votre égard par mes emportemens ***, ce qui ne me ferait que du tort, et à vous aucun bien. Voici un exemple : nous avons un marinier qui a failli me faire périr, m'arrachant les parties ; si on ne lui avait pas fait lâcher prise, je périssais dans ses mains ; eh bien ! toute sa famille vient le voir, le réclame. Un autre jeune fou qui a percé la main de sa sœur d'un coup de fourchette, de même sa famille le réclame. Je ne vois que des parens venir des départemens voir leurs parens,

* Veuve en premières noces de Messire Charles Lerebours, chevalier, mousquetaire.

** Mon Cousin maternel, dom le Clerc, bénédictin, a été plusieurs années à composer la susdite généalogie de ma mère.

*** Par emportement, il faut entendre les reproches véhémens que j'adressais à ma mère sur son apathie pour mes affaires, car je déclare n'avoir jamais manqué au respect qu'un fils bien né doit avoir pour sa mère.

pleurer de les voir fous, les accabler de caresses ; il n'y a que moi qui suis abandonné des miens. Les personnes d'où je vous écris ont la bonté de me procurer quelqu'un pour vous porter cette lettre ; ils compâtissent à ma peine. Revenez donc sur mon compte et rendez-moi votre amitié. Je fais des vœux au ciel pour la conservation de vos jours, et suis en attendant le bonheur de vous voir,

Votre très-respectueux fils,

BENOIST l'aîné.

Je vous prie en grâce et au nom de Dieu, de faire tout votre possible pour me réclamer ; je ferai tout ce que vous exigerez de moi pour vous prouver ma reconnaissance.

25 août 1808. Ma chère belle-sœur, agréez les sentimens de ma plus parfaite reconnaissance pour les démarches que vous avez faites pour ma liberté ; je vous conjure d'achever ce que vous avez commencé ; c'est vous qui m'avez donné les premières marques d'amitié en me venant voir, car ma femme n'a fait que me trahir. Quel honneur cela vous fera d'avoir coopéré à ma liberté, et quelle honte pour ma femme ! Vous avez de l'esprit et la facilité de vous énoncer, dons bien précieux : mon frère doit se trouver bienheureux de vous posséder, ce ne sont point des flatteries de ma part ; vous connaissez ma

sincérité : je brûle de vous marquer ma reconnaissance. Adieu, chère sœur. BENOIST l'aîné.

A madame Benoist mère, rue du Monceau-Saint-Gervais, n°. 13, Paris.

Hospice de Bicêtre, ce 31 août 1808.

MES chers parens, mère, frère et belle-sœur très-aimable, spirituelle. Si je vous avais eue pour épouse, je n'aurais jamais connu Bicêtre. Que Louis devrait se trouver heureux d'avoir tout réuni; jeunesse, talent, usage du monde, entreprenante et par dessus tout, aimante, oui, je le répète, très-aimante. Je me regarderais le plus heureux des hommes si ma femme avait pour moi la dixième partie de l'amitié que vous portez à votre mari. Si mon frère se trouvait dans ma position, je suis persuadé que rien ne vous aurait arrêtée : semblable à un torrent qui a rompu ses digues, vous auriez parlé, assiégé les médecins, demandant à grands cris votre mari. Ne croyez pas que ce sont des flatteries, vous me connaissez sincère, vous en avez eu des preuves : vous savez que nous n'avons pas toujours été d'accord, vous êtes violente, vive, emportée, vous jetez tout votre feu comme moi; mais vous n'êtes pas dans le cas de machiner destrahisons. Vivent les gens ouverts ! il y a toujours de la ressource. J'ai passé la plus agréable soirée de ma vie. Je vous conjure d'achever votre ouvrage pour ma liberté; accompagnez Louis, je vous en prie, chez le médecin, afin de le dissuader sur les impressions défavorables qu'il a de moi; * de chimères, que je vise au solide : vous en avez l'expérience. Un homme qui serait tel qu'on me croit, n'irait pas travailler dans les rues, au haut d'une échelle, je gagne bien plus aux travaux ordinaires qu'aux belles choses. Je vous prie d'aller rue du Bac, entre celle des Saints-Pères et des Jacobins. Vous trouverez une belle boutique qui fait le coin d'une rue dont je ne sais pas le nom, mais elle fait toujours le coin de la rue du Bac. Il y a les armes d'Espagne et deux grands plafonds noirs où il n'y a plus que des lettres à faire qui seront d'or. Vous demanderiez le maître peintre et me proposeriez, lui faisant voir l'aigle, et pour l'intéresser, vous lui proposeriez de me réclamer. Je compte sur votre zèle. Adieu, votre très-reconnaissant beau-frère, **BENOIST.**

J'embrasse Louis.

N. B. A la première bonne nouvelle, écrivez-moi, je ne dors pas, je compte les momens.

* Cette lacune existe, le cachet ayant détruit les mots qui existaient.

A madame Jolliet, fleuriste, rue du Four, faubourg Saint-Gernain, l'allée entre le boulanger et l'épicier.

Hospice de Bicêtre, bâtiment du conseil, 5 septembre 1808.

MADAME ET MADEMOISELLE MA COMMÈRE,

Je suis désolé d'apprendre que mes inconséquences m'aient fait perdre votre amitié; c'est l'excès de justice qui m'a attiré cette disgrace. En voulant défendre l'honneur de votre fille, je passe pour un fou. Et vous, ma commère, vous qui savez avec quel zèle je prends le parti des opprimés, pourquoi m'avez-vous excité à confondre les calomnieux rapports de M. Le R...., si vous n'aviez pas à vous plaindre de lui? C'est donc vous qui êtes cause de tous les échappemens que j'ai faits. Sans l'inconséquence de votre voisine, qui s'en fut poussant des cris sans motif, puisque je ne voulais que fermer la porte, afin qu'elle ne scandalisât point; si j'avais été coupable d'avoir troublé l'ordre public, aurais-je exigé des excuses de votre portière, dont je respecte le mari comme ancien militaire et homme de bon sens ? Si votre mère n'avait pas tant tergiversé à me prêter cette robe *, tout cela ne

* Pour donner au lecteur l'intelligence de ce passage, je le préviens que j'avais une affaire litigieuse à Dammartin, relativement à un tableau représentant S. Fiacre, que je devais livrer le dimanche des Rameaux à M. Lemire, curé de cette ville, Mon arrestation m'en ayant empêché, j'écrivis à M. Lemire, lui demandant un délai, qu'il me refusa. Comme j'avais fait des frais pour commencer ledit tableau, et que le retard provenait d'une circonstance fortuite et indépendante de ma volonté, je formai, au tribunal de paix, la demande d'un délai. La cause devait être jugée le premier juin 1808; la multitude de mes affaires le susdit jour m'ayant empêché de me trouver à l'ouverture de l'audience, je fis partir de bon matin mon épouse par la voiture publque, lui ayant recommandé d'avertir l'huissier, lorsqu'il appellerait la cause, que j'étais en route et devais arriver au premier moment, que l'on remette la cause la dernière, et qu'au cas où j'arriverais trop tard, de la remettre à huitaine. Comme le départ de ma femme était imprévu, et que je la pressais vivement, elle partit à la hâte, n'ayant pu faire une toilette convenable à la circonstance : je fis réflexion au mauvais effet que cela pourrait faire, étant la femme d'un artiste : en conséquence, je priai Mademoiselle Jolliet, qui a infiniment de goût pour la mise, de me prêter une de ses plus jolies robes, afin que ma femme puisse me faire honneur.

Mademoiselle Jolliet excelle dans l'art de fabriquer les fleurs artificielles, même donne des leçons de son art. Les serait pas arrivé. Vous savez que lorsque je vous l'ai demandée j'étais très-tranquille ; que ce n'est que lorsqu'elle voulut blanchir une autre robe que je lui ai représenté son inconséquence de me proposer d'attendre le blanchissage d'une robe, moi qui lui disais que je comptais les minutes pour rejoindre ma femme qui était partie le matin en diligence. Je n'ai point de reproches à vous faire, vous aviez bonne volonté ; vous avez judicieusement observé que ma femme était soigneuse. Ce n'est donc qu'à l'inconséquence de votre mère que je dois tous ces désagrémens, dont le résultat me prive de votre amitié ; rendez-la moi, je la mérite à tous titres ; et moi, par reconnaissance, je jure et proteste par l'honneur, que vous savez m'être plus cher que la vie, de ne me mêler jamais des querelles de personne ; que chacun fasse à sa guise. Détrompez M. Le R... sur mon compte : je ne lui en veux pas plus qu'à vous. Je suis très-affligé que ma femme ne soit plus avec vous, elle est porte à porte de son père ; elle me disait que la séparer de vous, c'était lui ôter la vie. Faites votre pos-

personnes qui désireraient se procurer de ses ouvrages peuvent s'adresser à elle avec confiance. Elle occupe toujours le même local, rue du Four Saint-Germain, entre le Boulanger et l'Epicier.

3 octobre 1816.

sible pour la ravoir, je ne vous la retirerai jamais. Il est arrangé que je travaillerai à la journée chez un vitrier, que j'aurai ma fille, votre filleule. Je suis en attendant votre réponse, votre malheureux ami,

BENOIST.

Billet adressé à M. Chartier.

Hospice de Bicêtre, ce 8 Septembre 1808.

Benoist a l'honneur de souhaiter le bonjour à M. et madame Chartier, et les prie de vouloir bien remettre au porteur du présent billet, mon mémoire dans l'état où il se trouve; il obligera infiniment celui qui a l'honneur d'être, votre très-humble serviteur,

BENOIST.

A monsieur, monsieur Massy, entrepreneur de peinture et vitrerie du château de Villers-Cotterets, rue Mazarine, en face celle Guénégaud.

Préfecture de Police le 23 janvier 1809.

MONSIEUR ET MADAME,

La présente est pour vous faire part de mon arrestation, faute de papiers, que j'avais laissés chez ma mère, où je couche, en attendant que je sois tout-à-fait arrangé dans le petit logement que j'ai loué île Saint-Louis, rue Guillaume, n°. 1. Nous voilà tous réunis; ma mère demeure même île, rue Blanche de Castille, n°. 17; en face est sa brue. C'est à Ecouen que j'ai été arrêté. Je vous avais bien dit, le jour que vous m'avez emmené à Villers-Cotterets, qu'il me fallait un passeport. Si j'avais eu seulement la carte d'entrée du château, je n'aurais pas été arrêté. J'ai écrit à ma mère, qui m'a réclamé; elle a apporté tous mes papiers à la Préfecture. Je vous prie en grace de m'envoyer une bagatelle dont je vous tiendrai compte sitôt ma sortie. M. Codant attend après moi; le menuisier doit avoir posé la devanture. Je vous recède la grosse peinture, si cela vous fait plaisir. J'ai une belle lanterne à vendre, je vous la ferai vitrer; je vous salue,

BENOIST.

A madame Benoist, île Saint-Louis, no. 17, à côté de l'Église, chez le Perruquier.

Hospice de Bicêtre, ce 5 février 1809.

MA TRÈS-CHÈRE MÈRE,

Je suis désolé de n'avoir point reçu de vos nouvelles, ainsi que de ma femme et de mon frère. Sont-ce là les promesses et les sermens que vous m'avez faits * !

Je me suis très-bien comporté à la Préfecture et au bureau de visite où j'ai été interrogé : on vous empêche peut-être de me voir. Demandez à voir M. d'Orfeuille, garçon de service aux loges. Conservez-moi mon logement, il me ravit par sa belle vue, ma belle-sœur est-elle accouchée?..... **

* Quelques jours avant ma dernière affaire, je présageais quelque chose de funeste pour moi, j'en ai fait part à ma mère. Alors me trouvant profondément affecté d'un sentiment douloureux, je lui saisis les mains, et les lui posant sur le livre des évangiles, je lui fis promettre que dans le cas où je viendrais à disparaître, qu'elle accourrait sur le champ à l'hospice pour me réclamer.

** Madame de Lorme qui m'a fait le plaisir de remettre cette lettre à ma mère, était si pressée, que je n'ai pu la finir.

Attestation de M. l'abbé Sicard.

Paris, ce 21 juin 1816.

Le directeur de l'institution des sourds-muets, administrateur des hospices de bienfaisance, membre de l'Institut de France et de plusieurs Académies, chanoine de l'église de Paris, déclare qu'il n'a jamais reçu une lettre que M. Benoist, artiste en peinture, dit lui avoir écrite, en date du 10 juin 1808, de l'hospice de Bicêtre; mais il a pris connaissance de toutes celles qu'il a adressées à ses parens, à sa mère, à son frère, à sa femme et autres personnes, et que la lecture de ces différentes lettres ne lui a laissé aucun doute sur son esprit parfaitement sain et éloigné de tout état de folie; qu'on l'a donc indignement calomnié quand on l'en a accusé; et il a jugé par le style de ses lettres, qu'il a l'esprit qui convient à l'homme en société. En foi de quoi, l'abbé Sicard a cru devoir lui donner cette attestation, les jour et an que dessus.

L'abbé SICARD.

RÉSUMÉ DE L'AUTEUR.

J'ai composé le titre de ce petit ouvrage du nombre de jours que j'ai passés en trois fois à l'hospice du château royal de Bicêtre, et j'ose affirmer avec vérité qu'à juste titre ce sont bien des jours d'infortune; car un homme à la fleur de l'âge, sain de corps et d'esprit, et en parfaite santé, doué d'une âme ardente et de belles passions, qui se trouvé renfermé avec des insensés, c'est, dis-je, le comble de l'infortune. Dans mon avis au lecteur, j'annonce que mon épouse fut la cause de mes malheurs par ses inconséquences : en voici l'explication.

Lorsque je lui faisais la cour, j'avais gagné sa confiance à un tel point, qu'elle m'instruisit de toutes les particularités de sa famille, et notamment de l'inconduite et des défauts de son père, dont elle gémissait; ce qui m'a donné pour lui un grand éloignement.

Cependant j'avais vécu près de six années en paix jusqu'au commencement de 1808, et mon beau-père ne se doutait de rien, lorsque son épouse désira avoir ma fille aînée. Je m'y opposai; mais ma femme, au mépris de ma volonté, la lui donna. Je fus le jour même, accompagné de ma mère, femme des plus respectables tant par l'âge que par ses mœurs, réclamer ma fille; mais, loin de me satisfaire, ils m'ont invectivé. Ils me conduisirent chez le juge paix, magistrat intègre et respectable, qui me fit rendre ma fille sur le champ, défendant à mon beau-père de m'insulter ni troubler, et nous engagea de ne jamais nous trouver ensemble. Mon beau-père conçut dès ce moment un projet de vengeance. Il s'était imaginé que j'avais déserté; il me tendit un piége, le 1er mars 1808, où j'ai eu l'imprudence de donner, ce qui a donné lieu à la rixe entre nous. Les soldats hésitaient à mettre la main sur moi, lorsque sa femme prononça ces mots: *Arrêtez-le, c'est un déserteur.* Là vient la résistance que je fis de marcher lié, ayant préféré les plus affreux traitemens; ce qui fut qualifié folie. J'avais tant d'horreur des fous et de la folie, que je me serais volontiers fait esclave pour m'en tirer : c'est ce qui me fit désirer d'être placé chez un peintre-vitrier, attendu que ma femme tourmentait et obsédait, tant de vive voix que par écrit, les médecins de ne m'accorder la liberté qu'au cas qu'un entrepreneur m'occupât à l'année ou à la journée, ne voulant pas que je sois mon maître. Les médecins ayant obtempéré à ses demandes, je fus obligé de m'adresser à M. Massy, peintre-vitrier, le conjurant de m'occuper. Il ne le voulait pas par délicatesse, sachant que j'étais artiste, et que c'était rabaisser les arts. J'ai bu la coupe amère jusqu'à la lie. L'inexorable mort, de sa faulx cruelle, moissonna mon épouse au midi de ses années, en 1810. Je l'ai regrettée et la regretterai toute ma vie, car elle avait de très-belles qualités. C'est son défaut d'éducation qui fit nos malheurs communs : les chagrins et les remords qu'elle a éprouvés l'ont conduite au tombeau. Je suis plus courageux que jamais, et j'ai la douce consolation que mes malheurs intéressent toutes les personnes honnêtes et sensibles. Je suis honoré de l'estime et de l'amitié de M. le marquis de Paroy et de M. l'abbé Sicard ; ils s'emploient pour utiliser mes talens. Je suis pientre, artiste, graveur sur glace dorée. Je me suis particulièrement livré à la lettre, comme étant plus lucrative, et l'exécutant en tout genre, tant en peinture, dorure, qu'en sculpture et gravure sur marbre. Il y a environ seize ans que M. le marquis de Paroy m'a occupé aux frises sur glace dorée des superbes voitures du roi d'Espagne.

Les personnes qui désireraient m'employer, peuvent s'adresser à moi avec confiance, ou m'écrire à mon domicile, rue Neuve-St.-Etienne, n°. 27, quartier du Jardin du Roi.

BENOIST l'aîné.

3 octobre 1816.

OBSERVATION.

Lorsque j'écrivais ces lettres à ma famille et à mes connaissances, je ne pensais pas, qu'un jour je les publierais, ce qui m'a obligé, pour donner au lecteur l'intelligence de plusieurs passages, de composer des notes que j'ai placées aux endroits qui en sont susceptibles.

BENOIST.

FIN.

Impr. de J. MORONVAL, rue des Prêtres St.-Severin.

www.ingramcontent.com/pod-product-compliance
Lightning Source LLC
LaVergne TN
LVHW010040230826
846091LV00005B/1792
* 9 7 8 2 0 1 3 2 5 3 0 4 8 *